居士50問

學佛入門Q&A

法鼓文化編輯部　編著

〈導讀〉紅塵中人，菩薩行者

居士是居家學佛之士，相對於出家僧人的清淨梵行生活，更需要福慧雙修，才能於凡塵俗世裡鍛鍊出道心，做到煩惱即菩提，火焰化紅蓮。然而，世間學佛者如是衆多，到底有多少人能以佛法轉煩惱爲智慧呢？

如何才是眞正的居士呢？在滾滾紅塵中，如何依教奉行，以家庭、職場與社會團體等爲道場，以家人、同事和社團成員等爲法侶，效學維摩詰居士，以明淨的心智與大慈悲心，巧把塵勞化佛事，做一位與時俱進、名實相符的居士，值得眞心向道者一探究竟！

《居士50問》為難得的居士修行專書，從說明居士的歷史淵源、居士的修行之道，進而介紹重要的居士典範，以及現代居士如何化解生活考驗。讓人確信居士確實能因著巧用佛法，將三界火宅轉為清涼世界。

《居士50問》的全書內容分為四大單元：

一、真正的居士

本單元從「居士」一詞的歷史流變談起，旁及居士對佛教發展的貢獻，而以示現在印度與中國的居士代表人物為例說明。文中更指出：居士的殊勝義是發菩提心與出離心的在家菩薩行者，解說其和一般人及出家眾的異同；並分享如何成為「理想的在家菩薩」，進而透過「以恭敬心供養三寶、自利利他做義工、道場與家庭兼顧、修學正法常精進」的種種方法實踐，善盡護法之任務，成為當代「真正的居士」。

二、居士的功課

首先載明《雜阿含經》中，佛陀有關「居士五法」的教導：「信具足、戒具足、聞具足、施具足與慧具足」，是爲本單元的總說。接著回歸實際的修行課題，依次說明個人如何落實內外莊嚴的方法：內莊嚴，得力於勤修戒、定、慧三學，以期臻至淨心自覺、內明開顯的境界；外莊嚴，除了個人的身行舉措穩重得體外，還可廣義地涵蓋：居家佛堂的擺設、佛化家庭的建立與依止明師學佛等。文末，更爲忙於工作的現代人，提出如何善用零碎時間用功，以反觀自照，常保正念現前的具體方法。

三、居士的典範

古德有言：「欲知山上路，須問過來人。」本單元介紹多位示現在中、印歷史舞台，可做爲當代居士見賢思齊的典範人物；依其出場序，簡介如下：與佛陀同時代，為佛陀興建第一座佛教寺院竹林精舍的頻婆娑羅王；為供養佛陀精舍，而不惜散盡家財，以黃金鋪地的給孤獨長者；成功以機智勸化多疑之波斯匿王的末利夫人；以直心為道場，示有妻女卻常修梵行的維摩詰居士；發大願護持僧眾修行，被尊為「布施第一」的女居士毘舍佉；發十大誓言與三大願，蒙佛授記的勝鬘夫人；悲心第一，捨身救民的摩訶男；放下屠刀、決心學佛的護法聖王阿育王；坐化立亡、生死自在的龐蘊居士一家人；復興近代中國佛教的楊仁山居士；《增一阿含經》中的清信士與清信女；清代彭際清編撰《居士傳》與《善女人傳》中的男、女善信居士。

四、居士的考驗

當代在家學佛者，所要面對來自外在世界誘惑與考驗的關卡，較諸出家眾，誠有過之而無不及。本單元針對居士的工作觀、金錢觀、修行觀、感情觀、夫妻觀、性別觀、布施觀、生活觀、生死觀等，提出言簡意賅的看法。所謂「勿恃敵之不來，恃吾有以待之」！上述看法，可助居士們在考驗來臨前後，建立正確的知見；一旦關卡現前或已然被困時，較能如法化解難題。而若期望自己成爲現代的維摩詰居士，則一方面要以四攝法：布施、愛語、利行、同事，和諧人我，廣結善緣；另一方面要具足維摩詰「入不二法門」的智慧，才能因心淨而遍一切國土皆淨，於人間這個大考場也是選佛場：「心空及第歸！」

本書爲接引居士的入門手冊，故文字敘述簡潔明達，力求深入淺出，希望能讓讀者容易理解學習。全書旁徵博引佛教經論與中國古籍，並參考太虛大師、印順法師、聖嚴法師與當代學者相關論著多篇，除彰顯本書的學理依據是有所本外，更爲想進階研習相關議題的讀者，提供了一窺堂奧的路徑，是爲本書所發揮的附加價值。

居士是推廣佛法的「幕後菩薩」，從佛陀時代到現代佛教，不論個人得失，不計功德多少，行走在自利利人的菩薩道上，默默耕耘著人間淨土。衷心期盼有緣的讀者，皆能因本書得嘗聞慧、思慧與修慧的法益與法喜，朝「現代維摩詰居士」的修證目標前進！

陳秀慧
華梵大學東方人文思想研究所副教授

目次

1 真正的居士

2

居士的功課

3 居士的典範

4 居士的考驗

1

真正的居士

Question

01

什麼是居士？

初學佛者在收到寺院信函，或是參加修行活動，第一次被人稱為「居士」時，心裡可能會感到驚訝。彷佛自己和古代文人東坡居士、青蓮居士一樣，多了幾分超塵拔俗的文學氣質。

印度的居士

居士的梵語為 **grha-pati**，音譯迦羅越、伽羅越，意思為長者、家長、居財之士、居家之士。居士是大眾熟知的在家佛教徒通稱，但是在古代的印度和中國，卻非佛教的專有名詞。

古代印度人分為四個種姓階級：婆羅門、剎帝利、吠舍和首陀羅，其中的吠舍種姓即是居士，爲經商、務農、手工業的平民階級。《長阿含經》說：「彼衆生中習種種業以自營生，因是故世間有居士種。」有些居士隨著經濟發達，成爲富裕而具社會地位的長者。

雖然居士最初並非專指在家佛教徒，但是在佛陀時代，吠舍種姓學佛者特別多，許多富裕的長者都樂善好施、護持佛法，他們皆是原始佛教時期的在家居士。隨著大乘佛教的發展，佛教信仰深入普羅大衆，在家居士人數也日益成長壯大。

中國的居士

而在中國，居士二字原出於《禮記·玉藻篇》：「居士錦帶。」東漢經學家鄭玄解釋爲：「居士，道藝處士也。」佛教傳入中國後，居士除指隱居不仕者，也指佛教居家修行者。

（梁忠楠　攝）

由於居士一詞具有深厚的文化意涵，包含許多優秀的美德品質，不但文人雅士自稱居士，帝王將相爲表自己有才德、修善行道，也自稱居士，甚至無論是否爲佛教徒，一般人也樂於被出家人尊稱爲居士。正因如此，中國典籍常見文人雅士喜以居士自號，卻不表示他們是佛教徒。

佛教尊稱在家信衆爲居士的由來，可能是受維摩詰居士的影響，他是古往今來一致推崇的居士修行典範。《維摩詰所說經》（簡稱《維摩詰經》）的〈菩薩品〉即稱維摩詰爲居士，光嚴童子曾問他：「居士，從何所來？」他說：「我從道場來。」光嚴童子又問：「哪個道場呢？」維摩詰居士不以一寺一地爲道場，回答猶如醍醐灌頂：「直心是道場、菩提心是道場、諸煩惱是道場……。菩薩如果能依六波羅蜜教化衆生，一切所作所爲，腳下的每一步無不是道場，都能安住於佛法。」

依此而推，居士在當下的生活中，家庭能是道場嗎？職場能是道場嗎？喜怒哀樂能是道場嗎？……。如果處處皆道場，哪裡不是人間淨土？一位真正的居士，應如維摩詰居士無入而不自得，能以佛法鍛鍊自我，成就大眾，圓滿自利利他的菩薩道。

Question

02

居士和一般人有何不同？

佛教徒分為出家人和在家人兩類，出家修道者為僧，在家學佛者為俗，稱為僧俗二眾。大部分的佛教徒都是在家人，也就是居士，相對於脫離俗世的僧人，居士是生活在紅塵俗世的修行者，面對著世間萬象，知菩薩道難行能行、難忍能忍，保持菩提心與出離心，悲智雙運，願轉三界火宅為清涼法海。

居家逼迫，猶如牢獄

雖然居士和一般人的生活環境相同，但是心境卻是不同的。佛教認為「家」有兩種，一種是世俗的家，另一種是三界牢獄的家。一般人都是為世俗的家而奔忙一生，居士則是求出三界生死牢獄的家而致力修行。

《大般涅槃經》說：「居家逼迫，猶如牢獄，一切煩惱，由之而生。」人的煩惱常來自家庭生活，不論是親子、夫妻或兄弟姊妹關係都讓人煩惱不已，家如牢獄般緊緊束縛著人。

居士不只體會到複雜的家庭問題，更體會到三界生死如火宅的苦迫。《法華經》說：「三界無安，猶如火宅，衆苦充滿，甚可怖畏。」不但人有生、老、病、死苦，即是福如天人，死後也可能墮入畜生、餓鬼、地獄道。想要不再流轉六道生死輪迴，就需要修學佛法爲究竟之道。

佛陀成佛的目的，是見衆生有生、老、病、死的苦惱，生死範圍的三界，就像火宅一樣，所以成道度衆生。如聖嚴法師於《禪門》所說：「在家居士，已經接受佛教，而對凡夫界的生死不覺得苦，沒有想到用佛法來救濟，這不是正信的佛教徒。所以，在家佛教徒雖然擁有眷屬兒女的照顧教養，仍當以解脫三界生死

（釋常鐸　攝）

之苦的法門爲依歸。」

以菩薩道為人生道路

居士和一般人的最大不同處，在於受了三皈五戒，以信仰佛、法、僧三寶爲人生方向；以不殺生、不偷盜、不邪淫、不妄語、不飲酒的五戒來守護身心。因著修學佛法，而清楚人們所追求的財、色、名、食、睡享受，其實是痛苦的來源。居士既以佛法來離苦得樂，勤修戒、定、慧三學，息滅貪、瞋、癡煩惱，也會希望所有的眾生都能同得解脫自在，所以積極實踐菩薩道。

因此，居士的生命格局也變得廣大，除珍惜人生，及時修行，並發願生生世世常行菩薩道，有限的人生因而擴大爲無限的願海。

Question

03

什麼是優婆塞、優婆夷？

優婆塞與優婆夷是佛教的男、女在家居士，爲佛教的在家二衆。

皈依三寶的在家居士

優婆塞是梵語 **upāsaka** 的音譯，意譯爲近事男、近善男、信士、信男、清信士、善男子等。優婆夷是梵語 **upāsikā** 的音譯，意譯爲近事女、近善女、近宿女、信女、清信女、善女人等。

稱爲近事男、近事女，是指親近奉事三寶的意思；稱爲清信士、清信女，是指皈依三寶並具有清淨信心的男、女信徒。善男子、善女人也可簡稱爲善男、善女，合稱爲善男信女。

（李東陽　攝）

成為標準的在家佛子

《優婆塞戒經》說：「若男、若女，若能三說三歸（皈）依者，名優婆塞、名優婆夷。」雖然只要皈依三寶即是佛教徒，但是居士學佛也應受持五戒。

聖嚴法師於《戒律學綱要》說：「受了三皈依的人，如想更進一步求得信佛學佛的實益，必須求受五戒，才算是學佛所學，行佛所行的開始，皈依三寶，僅是入門而已。」《毘尼母經》說：「優婆塞者，不止在三歸，更加五戒，始得名爲優婆塞也。」因此，居士除受三皈，也應持五戒，成爲標準的在家佛子，才是眞正的優婆塞、優婆夷。

Question

04

什麼是在家菩薩？

在家佛教徒除了被稱爲居士，或是師兄、師姊，也常被尊稱爲菩薩。

所謂的菩薩，梵語是bodhisattva，全譯是「菩提薩埵」，意譯是「覺有情」，能夠自覺覺他。能夠上求佛道以自覺，下化衆生以覺他，即是菩薩的意思。

受菩薩戒成為菩薩

聖嚴法師於《佛教入門》說：「人皆可成佛，成佛之前先當成爲菩薩，要成菩薩，須修菩薩道，誰行菩薩道而具菩薩心地的話，誰就是菩薩。」而菩薩道的起行，是由受菩薩戒開始，因爲菩薩是由受菩薩戒而來。

（張繼高　攝）

菩薩戒是大乘菩薩所受持的戒律，分為出家菩薩戒和在家菩薩戒兩種，所以菩薩可分為兩種，一是出家菩薩，二是在家菩薩。

菩提心與三聚淨戒

菩薩戒的本質，為讓人發無上菩提心，菩提心的基本原則，即是〈四弘誓願〉：「眾生無邊誓願度，煩惱無盡誓願斷，法門無量誓願學，佛道無上誓願成。」三聚淨戒是菩薩戒的特色與總綱，包括：攝律儀戒、攝善法戒、利益眾生戒，此三條戒涵蓋全部大乘佛法的精神：止一切惡、修一切善、度一切眾生。法鼓山傳授的菩薩戒內容，即是以〈四弘誓願〉、三聚淨戒為基礎，再以淨化身、口、意三業的十善法為準則。

居士如希望成為眞正的在家菩薩，應受菩薩戒。只要願學菩薩做菩薩，每個居士都可受菩薩戒，成為守護人間淨土的在家菩薩。

Question

05

居士是隱士嗎？

由於中國傳統的居士意思，帶有隱士涵義，加上古往今來很多的修行者大都隱居深山修道，人們往往因而誤以爲佛教的居士，也就等同於隱士了。甚至，有的人認爲修行應遠離俗世，最好不過問世事，謝絕訪客。

居士是人間淨土的菩薩

聖嚴法師認爲一個名副其實的在家居士，應該是一位大乘佛教的菩薩，而非隱士。聖嚴法師於《學佛知津》特別做釐清：「隱士是過獨善其身、明哲保身的生活；而居家的學佛之士，應該是菩薩道的實行者，爲度衆生，可以不惜生命，自求解脫，也必助人解脫。」因此，佛教居士不是隱士，而是人間淨土的菩薩。

（王育發　攝）

不忘菩薩初發心

大乘菩薩道是難行能行、難忍能忍的難行道。諸佛發願，首以利濟衆生爲要務，不以自求出離爲先著，所謂自己未度先度人，正是菩薩初發心。如果居士能努力建設人間淨土，便是實踐佛陀出世、入世、化世的本懷。

Question
06
歷史上第一位優婆塞、優婆夷是誰？

關於誰是佛教的第一位優婆塞，有兩種說法，一種認爲是提謂與波利；另一種認爲是耶舍尊者的父親俱梨迦長者。會有這兩種不同說法，主要在於提謂與波利二人遇見佛陀時，尚未有佛教僧寶，只能受二皈依；俱梨迦長者則是完整皈依佛、法、僧，三寶具足。

最初受二皈依的優婆塞

提謂與波利是佛陀成道後，最初供養與皈依的二位商人。《四分律》說他們「是爲優婆塞中最初受二歸依，是賈客兄弟二人爲首」，賈客即是商人的意思。據《方廣大莊嚴經．商人蒙記品》記載，他們載五百車乘珍寶返國，一起供養了佛陀，並皈依成爲佛弟子。

（江思賢　攝）

最初受三皈依的優婆塞與優婆夷

耶舍尊者是繼阿若憍陳如等五比丘後，隨佛陀出家的第六位出家弟子。耶舍尊者的父親、母親和妻子，在他出家後，也一起皈依三寶，成為佛教第一位受三皈五戒的優婆塞、優婆夷。

耶舍尊者的父親對佛說：「我今歸依佛、歸依法、歸依僧。唯願世尊聽為優婆塞，自今已去盡形壽，不殺生乃至不飲酒。」此即最初的三自歸優婆塞。耶舍尊者的母親與妻子對佛說：「自今已去歸依佛、法、僧，聽為優婆夷。我自今已去盡形壽，不殺生乃至不飲酒。」此即最初的三自歸優婆夷。這一家人，也成為最早的佛化家庭。

Question

07

《優婆塞戒經》說什麼？

《優婆塞戒經》是佛陀為在家居士所說的經典，為北涼曇無讖法師所譯，是由《長阿含經》及《中阿含經》中的《善生經》（又稱《六方禮經》），敷演而成的一部大乘經典。

在家菩薩的成佛之道

優婆塞、優婆夷為佛教男、女居士，太虛大師於《優婆塞戒經講錄》解釋經題說，在家弟子有男性、有女性，此經為佛答男弟子善生所問而說，故題為《優婆塞戒經》，但是論其性質，也可題為《優婆夷戒經》。太虛大師認為《優婆塞戒經》既以在家菩薩為其中心，最好題為《在家菩薩經》。

聖嚴法師則於〈《優婆塞戒經》讀後——如何成爲理想的在家菩薩〉一文，認爲本經以在家菩薩戒爲重心，故稱《優婆塞（夷）戒經》；但本經是完成菩薩行的指歸，所以不妨稱爲「在家菩薩的成佛之道」。

最難受難得的大乘戒

《優婆塞戒經》共七卷二十八品，以六度爲宗趣，以在家菩薩戒的授受與護持爲核心。從第一品〈集會品〉至第十三品〈攝取品〉，說明成爲菩薩的準備工夫；第十四品〈受戒品〉爲本經的重心，包括在家菩薩戒的受法，及六重二十八輕的戒相條文，受菩薩戒而成爲菩薩；關於修成菩薩行的說明，則介紹至第十七品〈供養三寶品〉；第十八品〈六波羅蜜品〉以後，則介紹莊嚴菩薩道的六波羅蜜，最後由般若波羅蜜完成菩薩道。

聖嚴法師於《戒律學綱要》指出：「這是一部很好的經典，從一個初信的俗人，直至成佛的歷程，都有詳細的指引，但從受戒得戒的因緣上說，這是最最難受難得的一種大乘戒。」

Question

08

誰是正史記載的第一位中國居士？

關於誰是中國正史記載的第一位居士，有兩種說法，一是漢哀帝時的景盧，二是東漢（後漢）楚王英。

據《中國佛教通史》作者鎌田茂雄教授研究：「使者伊存至漢，口授博士弟子景盧佛經的紀錄，這是佛教以個人身分傳入中國的最古老記載。」《中國居士佛教史》的作者潘桂明教授則認為：「景盧實際上成為中國佛教史上有明確記載的第一位居士。中國居士佛教的第一頁就從這裡翻開。」

但是史書並未說明景盧是否為佛弟子，不能只因他接受大月氏王使伊存的口授佛經，便說他是居士，所以尚需資料佐證。目前比較可以確信的是，在東漢楚王英的時代，已有一群信仰佛教的居士。

（李東陽　攝）

楚王英信仰佛教

《佛光大辭典》的「楚王英」詞條說：「後漢光武帝之子，孝明帝之弟。為我國正史上所載信仰佛教之第一人。」楚王英少時喜好游俠，晚年則喜黃老，學為浮屠齋戒祭祀。

漢明帝曾詔令天下有死罪者可用細絹贖罪，楚王英認為自己積累許多罪過，所以送黃縑白紈三十匹贖罪，漢明帝卻下詔說：「楚王誦黃老之微言，尚浮屠之仁祠，絜齋三月，與神為誓，何嫌何疑，當有悔吝？其還贖，以助伊蒲塞、桑門之盛饌。」意思是說，楚王讀誦黃老的精微道理，崇尚佛教的祭祀，曾齋戒三個月，對神發誓，哪有過錯的嫌疑和悔恨？所以還回贖物，用來幫助供養佛教居士和僧人的豐盛佳餚。

現存最早的正史紀錄

這段詔文出自《後漢書．光武十王列傳》，爲現存最早的居士信仰佛教的正史紀錄，既記載楚王英信仰佛教的活動，也有君王供養居士與法師的資料。就現存史料來看，與楚王英同期修行的居士，可能是中國最早信仰佛教的第一批居士，楚王英或許不是中國最早信仰佛教的居士，但確實是代表者。

Question

09

什麼是居士佛教？

居士佛教，又稱在家佛教，爲居士的佛教信仰、佛教思想和修行、護法活動。四川大學文學與新聞學院譚偉教授於〈中國居士佛教之歷史與未來〉文中說：「居士由於具有特殊的社會地位和影響，他們對佛教的虔誠信奉、對佛教教義的宣傳以及對佛教的權力支持和保護，往往也起到一般僧侶所起不到的作用，因而在佛教史和文化史上的作用與地位也不一樣，形成了獨特的居士佛教。」

大乘佛教與居士佛教

佛教的教團包括出家眾僧團，以及男、女在家眾居士，出家眾由在家眾供給衣、食、住等資具，在家眾則依出家眾接受教法修行，兩者互相支持，弘揚佛教。在佛教發展初期，在家居士依著住處附近的僧團，護持與修學佛法。而當原始佛教進入部派佛教後，因上座部長老思想日漸保守、嚴持戒律，而大眾部派系主張比較開放的思想與戒律生活，以適應社會大眾所需，居士佛教因而成為潮流。

隨著大乘佛教的開展，在家信眾的增多，居士佛教在推廣佛法上，起著關鍵影響力。大乘佛教的經典，肯定了居士佛教的重要性，讓佛法更易落實於現實生活，普濟世間。以在家居士為代表者，如《維摩詰經》的維摩居士，《勝鬘經》的勝鬘夫人，皆是以居士為主而宣說佛法。居士的社會地位與職業各有不同，都能以自己的能力奉獻所長，實踐菩薩道。

居士佛教護教弘法

佛教傳入中國後，居士的信仰層面主要可分為三類：帝王貴族佛教、士大夫佛教、民間佛教。由於漢代不准許出家為僧，所以中國最初信仰佛教者為居士。而當佛教發展至隋、唐鼎盛時期後，宋、元、明、清則每況愈下，特別是自明代

（李東陽　攝）

起，由於朝廷對出家僧衆的限制，導致寺院佛教逐漸失去活力，脫離社會現實，居士佛教則成爲了復興佛教的力量。

在兩千多年的中國佛教發展過程，如果沒有居士佛教，中國僧團很難開展成形。在艱困的時期裡，居士佛教不僅維繫了佛教的存在，並推動了佛教的發展。如清末和近代佛教，居士佛教維持了佛教生命，而不致衰亡。但是，居士佛教不能脫離寺院佛教而獨立存在，出家衆與在家衆是相互依存、互爲動力，才能開展出佛教的未來與希望。

Question 10

居士對推廣中國佛教的重要性爲何？

居士佛教在中國發展了二千多年，隨著不同時代變化而有不同面貌，居士不論是從政治保護佛教、從經濟支持佛教、從理論護衛佛教，或從藝文創作推廣佛教，皆功不可沒。

居士佛教的重大影響

蘇州大學宗教研究所所長潘桂明教授的《中國居士佛教史》，認爲居士佛教發端於東漢三國，滋長於兩晉，壯大於南北朝，繁榮於隋唐五代，全盛於兩宋，三教融合思想演進於遼金元，反省於明代，維繫於清代，改革於近代，每一時期都都不同特徵。

潘桂明教授認爲居士佛教的影響內容，主要包括：

1. 展開各種形式的護法活動。
2. 在政治上對佛教予以有效保護的同時，在經濟上提供強有力的支援。
3. 與僧侶佛教聲氣相求、涵蓋相合，壯大佛教聲勢，擴大佛教影響。
4. 開展各種學術性活動，傳播佛教教義、思想學說。

居士佛教的作用、地位和價值

四川大學文學與新聞學院譚偉教授則於〈中國居士佛教之歷史與未來〉一文，認爲居士佛教的作用、地位與價值爲：

1. 居士佛教是佛教中國化與復興的中堅。
2. 居士佛教是佛教生存與發展的重要支柱。
3. 居士佛教是佛教社會化與世俗化的主要力量。

（李東陽　攝）

現代佛教居士面對豐富的佛教文化遺產，也肩負著更爲沉重的護法使命，不只要能繼往開來，開創全球的佛教新文化，在外弘內修上，個人道業也要精進不息，才能成爲淨世蓮花，轉五濁惡世爲人間淨土。

Question

11

爲何稱居士爲白衣？

印度人以鮮白之衣爲貴，僧人以外者，多著白衣，從而指在家人爲白衣。《顯揚聖教論》說：「在俗者，謂處家白衣，受用五欲，營搆俗業，以自活命。」

佛教經論則常以「白衣」爲在家人、居士的代用語，如《中本起經》說：「佛教比丘，莫親白衣，戀於家居，道俗異故。」《維摩詰經》說：「雖爲白衣，奉持沙門至賢之行。」

佛教在家居士穿素衣，所以稱爲白衣；出家僧人穿黑衣，所以稱爲緇衣。因此，緇素二衆，又稱僧俗二衆，即是出家衆與在家衆。

（李東陽　攝）

Question 12

在家學佛與出家學佛有何不同？

由於學佛根性的不同，有的人適合出家修行，有的人適合在家用功。從信仰佛教來說，在家、出家都是一樣的，從修證佛法來說，也無大差別。聲聞佛教認爲在家居士可修證至三果，大乘佛教則認爲不分在家、出家，人人皆可成佛。在家人過著世俗的家庭生活，出家人則過著如法如律的寺院生活，在家與出家的學佛生活主要不同在於：

一、戒律不同

在家衆與出家衆的學佛方法沒有差別，但是持守的戒律不同，在家衆只要持五戒，出家衆則必須受具足戒，以及遵守比丘、比丘尼戒。而出家與在家的戒法最大區別，在於出家衆要持守不淫戒，畢竟在家衆仍需要有家庭的感情生活，所以持守的則是不邪淫戒。

二、生活方式不同

《大智度論》說：「孔雀雖有色嚴身，不如鴻雁能遠飛；白衣雖有富貴力，不如出家功德勝。」此即以鴻雁譬喻出家人，以孔雀象徵在家人，說明出家與在家兩種生活型態的不同。在家人不離世務，忙於生計，所以不容易達到究竟的境界。出家人能隨遇而安、隨緣奉獻，不似在家人有家累、有名利地位牽絆，如羽毛華麗的孔雀無法遠飛。

三、負擔任務不同

佛教稱出家眾是「內護」，在家眾則是「外護」，護是保護、維護的意思。何謂內護？即是守護如來家業，也即是守護佛陀的佛法遺教。何謂外護？即是護持出家人，讓僧眾能專心辦道弘法，不必顧慮生活所需。內護、外護要共同努力，才能續佛慧命。

Question

13

居士可以住持三寶嗎？

所謂的住持三寶，是指安住世間以持續佛法的佛、法、僧三寶。佛陀入滅之後的佛教，需要住持三寶以延續佛法的慧命，保持佛教的精神，傳布佛教的教義。

住持佛寶：凡用玉琢、石刻、金鑄、銅燒、泥塑、木雕、油漆、墨畫、絹繡、紙繪的佛像，便是佛寶。

住持法寶：凡是經、律、論三藏經典，或古今大德的佛教著述，便是法寶。

住持僧寶：凡是受具足戒的比丘、比丘尼，便是僧寶。

有些居士會感到不解的是，爲何只有僧寶能住持三寶，在家人不行嗎？爲何在家人不能擔任寺院住持呢？原因並非是僧俗地位不平等，或是修行根器有別，而是因爲唯有如律如法的出家僧團，才能眞正負起住持佛法的重責大任。

我們之所以皈依僧寶，是因爲僧團是修行正法律的團體，能將正確的佛法守護、應用、傳持下來。只憑個人之力弘法，難以長久不變，也無法代表清淨和合的精神。而所謂的僧團，即是衆多清淨、精進的出家修行者齊聚一起。而在各種學佛團體中，能依佛的正法律，清淨、精進、和樂共住、同修菩提道的，也只有出家僧伽，所以標準的僧寶，是以出家的團體爲原則。

僧衆能堅守不淫欲的梵行，實踐不蓄私財的出離行，能保持團體的清淨修行，而在家衆則容易因種種環境變化無常，難以維持初心。少欲、離欲，是解脫道的基礎，也是菩薩道的共法，所以我們要相信僧寶能住持三寶，並護持僧寶，讓正法永傳於世。

佛教四衆弟子：比丘、比丘尼、優婆塞、優婆夷，內護、外護齊心協力，法住法位，佛、法、僧三寶便是萬世明燈，能夠照破世間無明，啓發智慧光明。

Question

14

居士應修人天道、解脫道或菩薩道？

佛教的修學方法可分三大類：人天道、解脫道、菩薩道。人天道是為生到人間天上而修的善法，偏重於福業的經營，如布施、救濟、戒殺、社會公益等等；解脫道是偏重於慧業的修持，如持戒、修禪、拜佛、念佛、聽經、讀經等等。

人天道與解脫道的最主要差別，在於戀世與出世的區別：如有戀世的心，雖修慧業，仍是人天福報；如有出世的心，雖營福業，也歸解脫之道。學佛不能離開人天道和解脫道，最佳的方式是兼顧兩者，福慧雙修，即是菩薩道。菩薩道的精神，是佛教的根本，菩薩道的修持者，在家居士的身分更為相宜。因為居士的生活範圍，比出家人更為廣大，更能夠深入群眾、接引群眾，所以居士最適合修自利利他的菩薩道。

（李東陽　攝）

Question

15

居士如何護法？

佛教常稱居士爲護法居士，所謂的護法，即是要護持佛教正法。居士如何護法呢？

一、以恭敬心供養三寶

供養三寶能種福田，爲修恭敬心的「敬田」。佛陀在世時，人們以衣服、飲食、臥具、醫藥供養僧團和諸佛菩薩，稱爲四事供養。供養的意義有二種：一是以喜捨的心取代吝嗇的心，成就他人安樂；二是對於三寶見賢思齊，藉著供養的形式，學習諸佛菩薩。

二、自利利他做義工

做義工是福慧雙修的菩薩行。義工能協助佛教弘法利生，在不求回報的奉獻裡，放下自我，成就大眾。

三、道場與家庭兼顧

居士在護持道場時，也要不忘照顧與陪伴家人，因為家人其實也是居士的護法。如果忽略家人而造成他們對佛教的反感，可能居士也難以專心用功，最好能接引家人一起歡喜學佛，成爲菩薩伴侶。

四、修學正法常精進

居士除了捐款、做義工護法，也要勤修戒、定、慧三學。如果不精進道業，心便無法與法相應，如何護法？又如何能守護自己的道心？因此，護法不只是在物質或勞力上護持佛法，更要解行並進，提昇自我，精進不息。

（李蓉生　攝）

2

居士的功課

Question

16

什麼是居士五法？

《雜阿含經》記載，佛陀認為在家居士應該具足五法，也就是具足五個條件，包括：

一、**信具足**

皈依三寶是成為佛教徒的最基本條件，居士必須建立對佛、法、僧三寶的深切信心。居士學佛要有堅定的信心，相信佛法能幫助自己與眾生離苦得樂，信仰才能產生力量。

二、**戒具足**

居士除信仰三寶，還要修持五戒：不殺生、不偷盜、不邪淫、不妄語、不飲酒。如此才能持戒調整行為，去惡向善，清淨自心。

三、**聞具足**

欲得佛法的正知正見，並依此修行，需要從聞法入手。佛法的種種功德，即是由聽聞而來，能知諸法、遮諸惡、斷無義、得涅槃，所以居士要聽經聞法，要親近善知識學習。

四、**施具足**

施的內容，是以尊敬心供施父母、師長、三寶；以悲憫心布施孤苦、貧病；以公益施捨促成社會大眾的福利。

五、**慧具足**

學佛要從聞、思、修領悟佛法的眞諦，習得佛法的眞實智慧。佛陀時代，很多人都由聞法而得見諦，證得初果，即是慧具足的典型。

（李澄鋒　攝）

印順法師於《爲居士說居士法》中勉勵人說：「居士應該作大乘居士，學做菩薩，上求菩提，下化衆生。要往菩提的路上走，一定要修學五法，此五法是佛特爲在家衆說的。」「五法圓滿，才有菩薩風格，才達到做菩薩居士的第一目標。」

Question

17

居士如何安排修行功課？

所謂「師父領進門，修行在個人」，說明了修行的重要態度：師父或老師只能指點方法、門路，如果想要眞正學到本領，還是要靠自己的體會和努力。

聖嚴法師於〈何謂修行？〉一文指出：「所謂修行，簡單地說，就是修正自己身體、語言、行爲的偏差，通過任何方法而達成這個目的，就是修行。」

自修與共修並進

我們要透過什麼方法來修正自己呢？佛教提供了「聞、思、修」三種方法，即是從佛法的聽聞、法義的思惟，加上身體力行的實修實證。

至於如何做呢？初學佛的居士尚未熟悉修行法門，可能還不知掌握方法的要領。因此，建議初學佛的居士除了在家自修，最好能安排固定的共修時間，不但能激發道心不懈怠，也方便請益正信、安全的老師或善知識。

為自己訂一份修行功課表

居士的修行功課表，可分爲自修與共修。自修部分，可以安排每日固定時間做早晚課，或是設定一種固定的定課，如每日固定時間禪坐、念佛、持咒、誦經、拜懺等。這份功課表可隨自己的時間、因緣，以及身心的需求而調整。安排功課表是爲了幫助自己前進的依循和目標，切莫變成一種負擔。

共修部分，除基礎學佛課程外，可以參加寺院每月舉行的念佛共修、禪坐共修，以及法會活動。而在短期的每次約兩小時共修活動外，最好能每年都安排禪七或佛七，較長時間的精進共修。

（李澄鋒　攝）

居士擁有自訂的一份修行功課表，不但能眞正居家修行，更能體驗生活之道，即是成佛之道。

Question

18

居士如何用威儀莊嚴身心？

佛教很重威儀，八萬四千細行都是修行重點。身爲居士，該具備什麼樣的威儀呢？

居士應有的生活態度和習慣

威儀包括了身、口、意三儀，可說是鍊心的基本功，和一種自我要求。養成好威儀，既是居士應有的生活態度，也是基本的生活習慣。

居士若能時時向內觀心，一定威儀整齊，而且有沉著、平實與穩定的風範。因此，居士要留心行、住、坐、臥四大威儀，說話的態度與舉手投足之間，如果浮誇、輕佻、慌亂、急躁，不只有失修養，也是煩惱的表現。

培養威儀的基礎

威儀是透過修持戒、定、慧，而表現於外的姿勢與行為，持戒對佛教徒來說，可說是培養好威儀的基礎。持守五戒，可以修養身、口、意行為；持守菩薩戒，更可以透過積極發願行善，讓人舉手投足皆流露出人間菩薩的慈悲心懷。

在日常生活裡，照顧好自己的身心，就能培養出莊嚴的威儀。禪宗認為不論是語默動靜或行住坐臥，無一不是修行。因此，如果我們能夠時時覺知自己的起心動念，活在當下，就能體會「禪在平常日用中」，身心自然也威儀莊嚴。

Question

19 居士如何持戒？

佛教徒持戒的內容，不只消極的止惡，更要積極的行善。〈七佛通誡偈〉的「諸惡莫作，諸善奉行，自淨其意，是諸佛教」四句話，已將持戒的全部精神說明了。從五戒、八戒、十戒、比丘戒、比丘尼戒，乃至菩薩戒的內容，無不盡備於此。

持守三皈五戒

居士可受的在家戒共有四種：三皈戒、五戒、八關戒齋、菩薩戒，最基本的居士戒是三皈五戒。如果不持守三皈戒，信仰外道邪說或皈依外道徒眾，便表示不信仰佛教，也就非佛教徒了。因此，每日早晚課都需要三皈依，提醒自己回歸佛、法、僧三寶。

（李澄鋒　攝）

持守五戒十善，也就是清淨身、口、意三業。五戒十善是基本的做人道理，除防非止惡，其實也是保護居士的身心，讓生活平安快樂，能安心修行。因此，在日常生活裡，我們要以五戒十善的清涼法水，息滅貪、瞋、癡三毒火。

出世入世菩薩行

居士持守八關戒齋，是入解脫道、了生脫死的門徑，能體驗清淨梵行；持守菩薩戒，是自利利他、廣度衆生的法船，能生生世世乘願行。

只有持戒清淨，身心才能安住於道，也才能修定發慧，因此，居士受戒後，要以持戒爲修行資糧。

Question

20

居士如何修定？

大乘菩薩的定，重視的是心念不為外在的環境和內在的心境所動。如果受到內、外境影響而起情緒煩惱，便是亂心，而不是定心。因此，居士需要習禪修定，幫助自己保持清明心，心不隨境轉。

禪坐培養安定自在

打坐，是學禪的第一步。初學佛的居士，在學習禪法後，最好能每日固定時間禪坐，並在日常生活中應用，讓自己不論是坐於蒲團上，或坐於車上、辦公室的生活中，都能常保安定自在。

在家禪坐時，宜選擇安定、乾淨處，禪坐前先做暖身運動，伸展筋骨。禪坐

（李澄鋒　攝）

只要能夠坐穩，不論是雙盤、單盤或散盤皆可，要挺直背脊、放鬆肩膀、舌抵上顎、眼閉八分，然後使用數呼吸或其他禪修方法。

心境平靜，遠離煩惱

面對複雜的生活資訊與人際關係，居士如能保持每日禪坐的習慣，將能放下心事、平靜心念，不因欲望波動而造惡業，能因心境安定而啓發智慧，遠離煩惱。因此，修定不但讓身體健康、心情穩定，更是修慧的重要礎石。

Question

21

居士如何修慧？

佛是智慧和慈悲的圓滿者，智慧是斷除煩惱，慈悲則是廣度衆生。智慧的最高境界，是證悟諸法無常、無我的緣生空性，因無我而得大自在。

聞慧、思慧、修慧

居士修慧莫求頓悟一步登天，踏實修行最平安可靠。可由聽聞佛法與閱讀經論入手，以此聽聞及閱讀的所得，指導持戒與習定，再從持戒與習定裡，啓發智慧。讓戒、定、慧的修持工夫，互爲成就因緣，圓滿成佛之道。

居士斷煩惱需要三慧明，也就是具備聞慧、思慧、修慧。聞慧是聽聞佛法而生智慧；思慧是思惟佛理而生智慧；修慧是勤修戒、定、慧三無漏學而生智慧。

（李澄鋒　攝）

三慧明，斷煩惱

透過聞慧，聽聞正法、閱讀佛經，才能消除邪見，建立正見，從而眞正信因果，明因緣。透過思慧，以禪觀的方法做思惟練習，得到一心的定境，由定力而產生明晰的智慧。透過修慧，以清淨的身心，做利益一切衆生的事，就能產生無我的智慧。

Question 22

居士如何在家設佛堂？

想在家裡布置佛堂，首先，應就客觀的居住環境考慮，並掌握整齊、明亮、素樸的原則，如此家裡也能營造一處心靈空間。

宜選安靜之處

選擇佛堂的位置，宜選家中較安靜之處，最好能有窗戶，或是陽光充足處；不宜靠近廚房、廁所；或是將佛像直接面對自己的臥床。而且此空間，盡可能不做爲其他閒談會客、嬉戲的用途。

擺設以簡約為主

佛堂擺設以簡約爲主，佛菩薩聖像可以一佛代表萬佛，不需要太多；以電燈代替蠟燭，放在佛菩薩像的兩側。如果居住的空間狹小，或是有室友同住，或是全家僅自己一人學佛，則可以彈性調整。

例如選擇在書桌前，或室內一處清淨的地方，以佛經暫代佛像，不必設置香爐、燭台，也不必供水、供花、燒香，只要在做定課或自修的前後，以問訊、禮拜，以表示虔敬、恭敬即可。

（李東陽　攝）

Question 23

如何建立佛化家庭？

在家居士生活的第一要務，即是建設和樂的佛化家庭。孝順父母、慈愛子女，在敬與養、教與育，盡心盡力，負起做父母與子女的責任。

建立佛化家庭必須具備三個條件：

一、敬養父母如三世諸佛

居士可稱父母為「老菩薩」，即是要將父母當成佛菩薩一樣地恭敬、孝養。夫妻各有兩家的父母，應當平等敬養照顧。

二、伴侶是菩薩道侶

居士的婚姻，應彼此當成同修伴侶，將對方當作共創幸福的善知識來看，彼

（李東陽　攝）

此相敬、相讓、互助、互諒，並互相關懷。

三、愛護子女，細心培育

佛教不贊成中國人的「養兒防老」觀念，居士對於子女的愛護和培育，不是為了防老，而是為了負責，每個人的福報與業報，各有因果，各有因緣。

淨化人間要從淨化家庭開始，也就是要從建立佛化家庭開始。以佛菩薩的慈悲及處事的智慧，為我們學習的對象。提昇自己，淨化家庭，進而影響周遭的親人、朋友，再擴及至社會，達到淨化人間、建設人間淨土的理想世界。

Question

24

居士如何選擇老師學佛？

依止好老師非常重要，然而誰是明師呢？當今的學佛現況，很多人是依老師的信眾多寡、相貌莊嚴、寺院大小、佛學程度、禪定工夫等，為依止老師的判斷標準。因此，往往到處跑道場觀察，甚至是到處皈依，即使持有一堆皈依證，卻不知哪一位才是適合自己的老師。

三種選擇明師的方法

對一位初學佛者而言，確實很難選擇學佛的明師，因此，聖嚴法師在〈如何選擇明師？〉一文，提供三種安全可取的判斷方法。

第一種方法：明師雖然未必有名，但若為大眾公認的明師，自然要比自稱明師而尚未被大衆所公認的，要可靠得多；第二種方法：由已經成名的老師，介紹尚未成名的老師也是較可信的；第三種方法：由你所信任的明師，介紹另外一位明師。

莫任意更換老師

此外，有些人在學佛初期對老師充滿信心，但修行一段時間不見成效或是方法錯誤，即對老師的信心動搖，轉而跟隨其他老師。其實，修行除了明師的教導，自身求法的心態和精進的毅力，更爲重要。如果輕易、任意地更換老師，而不先針對一門修行扎根努力，就算跟隨再多的明師，法不入心，可能也難以成長進步。

因此，修行的路上，不能隨波逐流，應該堅定地跟隨明師學習，如實用功，才能在成佛之道上，步步踏實前進。

Question

25

佛教徒可以自稱居士嗎？

居士是一種尊稱，佛教徒不宜自稱居士，應由他人來稱呼自己。例如，法師可以稱在家弟子爲居士，居士之間書信往來也可互稱居士。

居士之間相互問候，除了互稱居士或師兄、師姊，也可尊稱對方爲菩薩，但是一樣也不宜自稱菩薩。因爲，我們都是發了菩薩願的凡夫，是初發心的「嬰兒菩薩」，不是聖位的大菩薩，佛教徒互稱菩薩，是爲了互勉勿忘失菩提心，要常行菩薩道。

只要是佛教徒都是三寶弟子，所以居士可以稱自己爲三寶弟子。居士在皈依三寶後，都會得到一個法名，是由皈依師給予的新名號，也代表傳承輩分。因此，在書信或電子郵件往來時，居士除了俗名，也可使用三寶弟子和法名自稱。

Question

26

工作太忙，沒時間修行怎麼辦？

現代居士的生活雖然忙碌，但是若能善用平日的零碎時間，隨時隨地提起方法修行，一樣能積少成多，功不唐捐。像是持咒、念佛，或專注於當下，每一次的用功，都讓自己能從紛雜萬象中，恢復平靜祥和的身心，重新出發。

隨時把握用功時機

走路或等人、等車時，心思總易散亂，許多零碎的時間，可能就不知不覺消失了。其實，這些日常零碎時間都可用於修行，像是持咒或念佛，都能收到身心安定的效果。如此一來，不但能收攝紊亂的心思，還能感覺佛菩薩時時與自己同在，而感到平安。

（李東陽　攝）

此外，也可隨身攜帶一本佛書，利用零碎時間閱讀；或聆聽手機的佛經講座、佛法課程，也是很好的用功方法。善用零碎時間聽經聞法，主要目的不在於閱讀多廣，而是提醒我們要時時保持正知見，才不會迷失於世間價值觀裡，隨波逐流而遠離佛道。因此，哪怕只是思惟一句法義，也是一個用功好方法。

專心活在當下

修行就是修心，無論我們使用的方法是念佛或禪修，都是爲了幫助調心。因此，最重要的還是活在當下的生活態度，不因忙碌而總是懊惱於過去、幻想於未來，要踏實面對自己與現況。所以，吃飯時專心體會每一口飯菜的滋味，工作時專注於所做的事，以平常心生活，也是最簡單可靠的生活禪法了。

3

居士的典範

Question

27

佛教第一位外護居士是誰？

頻婆娑羅王是印度摩揭陀國的國王，他的王后為韋提希夫人，兒子為阿闍世王。頻婆娑羅王與佛陀的緣分非常特別，在佛陀尚未成佛前，還是悉達多太子時，兩人即相識，因著一個特殊的約定，讓頻婆娑羅王成為了佛陀的第一位外護居士。

頻婆娑羅王曾願贈送半壁江山，希望悉達多太子不要出家，與他一起治理國政。雖然提議被拒絕了，頻婆娑羅王仍做了預約，希望悉達多太子成道後，能夠先來王舍城度化他，並接受供養。因此，當佛陀成道後，便依約前往王舍城，為頻婆娑羅王說法與授皈依。頻婆娑羅王聞法後，立即遠塵離垢，法眼清淨。

頻婆娑羅王是第一位供養佛陀的國王，在受三皈五戒成為優婆塞後，他發

（王育發　攝）

願盡此一生供養佛陀與僧衆，不論衣服、飲食、臥具或醫藥等物，都會全部供應護持。他因而興建第一座佛教寺院——竹林精舍，讓佛陀與僧衆可以有安心辦道的住處。隨著頻婆娑羅王的率先護持僧團，帶動了無數人一起信仰佛教，並歡喜發心供養。頻婆娑羅王供養僧伽、護持佛教，如願成為佛陀的第一位外護居士，也讓人看見發願的力量不可思議。

Question

28 給孤獨長者如何建立祇樹給孤獨園？

「如是我聞，一時佛在舍衛國祇樹給孤獨園……。」許多經典皆是如此開頭的，祇樹給孤獨園是佛陀說法的聖地，是由給孤獨長者和祇陀太子共同發心建造的，所以稱爲「祇樹給孤獨園」。

給孤獨長者即是須達長者，他是印度憍薩羅國波斯匿王的大臣，也是舍衛城的大富長者。由於須達長者爲人樂善好施，鰥寡孤獨者皆蒙其恩惠，如嚴冬暖陽爲孤苦無依的人們帶來了溫暖，因此他被大家尊稱爲「給孤獨」。

給孤獨長者發願要找地爲佛陀建築精舍，見到祇陀太子清淨優美的花園，想要請購卻被太子刁難，要他將黃金鋪滿花園才肯割愛。想不到給孤獨長者竟然眞的以象馱黃金鋪地，太子因而被他的誠心感動，願意同心共建精舍，由太子供養

（釋常鐸　攝）

樹木，長者供養園地。

從此，佛在祇樹給孤獨園所說的佛法，如《阿含經》、《金剛經》、《阿彌陀經》……，給予了世間心靈孤獨無依的人們無限的光明希望，成為生命的真實皈依處。

Question

29

末利夫人如何接引波斯匿王學佛？

印度憍薩羅國的波斯匿王，是佛陀時代有名的大護法，他的王妃是末利夫人，妹妹是韋提希王后，女兒是勝鬘夫人，都是爲人敬重的佛教女居士。波斯匿王的個性與她們截然不同，既生性多疑，又暴惡無信，如果不是王妃末利夫人的耐心善巧接引，恐怕很難有緣學佛。

波斯匿王在夢見十件怪事後，非常害怕是亡國、亡身、亡妻、亡子的凶兆，便召集衆臣和婆羅門解夢。婆羅門說要消災免難，必須先殺太子、大夫人、大臣等一千人，並燒盡所有臥具和奇珍異寶，祭祀天王。末利夫人知道後，便勸波斯匿王請教佛陀。佛陀則告訴波斯匿王，夢中十事與國王現世無關，而是關於後世的十個預兆。波斯匿王因而歡喜釋懷，並讓末利夫人成爲王后。

（李澄鋒　攝）

善知識助人行善，惡知識害人行惡，波斯匿王身旁幸好有末利夫人爲善知識。雖然伴君如伴虎，末利夫人卻能以機智讓波斯匿王請益佛陀，慢慢感化他成爲虔信佛法的居士。

Question 30

維摩詰居士爲何是居士的典範？

維摩詰居士爲印度毘耶離城的長者，是佛陀的在家弟子。他身在俗塵，心卻不染著，修爲高遠。他雖處居家，不著三界，示有妻女，常修梵行，被視爲是人間淨土思想的先驅與實踐者，爲最廣受崇敬的居士典範。

《維摩詰經》是介紹大乘佛教居士，最具代表性的經典。故事開展自維摩詰居士生病，釋尊欲派弟子們前往問疾，結果他們都推託說不堪前往，最後是由文殊菩薩親率大眾探病。維摩詰居士精彩絕倫的辯才，在與文殊菩薩的問答間機鋒盡顯，藉以宣揚大乘佛法眞義，指出居士應行菩薩道的方向。維摩詰居士以圓融的人生態度，調和了世間與出世間的矛盾，爲中國文人開創出一個理想精神世界，所以受到文人傾心嚮往。而對在家居士來說，更是人間淨土的菩薩生活典範。

（李東陽　攝）

Question

31

毘舍佉爲何是布施第一的女居士？

給孤獨長者被佛陀譽爲布施第一的男居士，毘舍佉則被讚爲布施第一的女居士。毘舍佉是印度憍薩羅國人，人們稱她爲「彌迦羅長者母」，是因公公彌迦羅長者視她爲母親，而如此尊稱她。由於「彌迦羅」的意思是「鹿」，所以也稱她「鹿子母」。

爲何彌迦羅長者會尊稱媳婦爲母親呢？彌迦羅長者原是裸行外道的忠實信徒，曾想將虔信佛教的毘舍佉趕出家門。幸好毘舍佉善巧安排機會，讓公公有機會聽佛說法而悟道。因此，公公非常感激地告訴毘舍佉，從此以後他會敬她如母。全家也因而成爲三寶弟子，護持僧團。

毘舍佉曾向佛陀發八大願，即：供食外來的比丘、遠行的比丘、病中的比丘，施藥物給病中的比丘，供食給看護病人者，施粥給比丘，施雨衣、澡浴之衣等。甚至布施了價值九億錢的嫁衣，以建造精舍，由目犍連尊者監督工事，歷時九月而成，上、下二層，各有五百室，稱爲東園鹿子母講堂，或簡稱鹿母講堂。佛陀不但常在此說法，並曾在此爲毘舍佉宣說八關戒齋。毘舍佉樂善好施不求回報，難怪佛陀讚美她是布施的好榜樣。

Question

32 勝鬘夫人如何大做師子吼？

勝鬘夫人是波斯匿王與末利夫人的掌上明珠，嫁給阿踰闍國友稱王爲妃。勝鬘夫人自幼聰敏慧捷，深受父王母后的寵愛，她未辜負他們的殷殷盼望，依她命名的《勝鬘經》，爲重要的如來藏思想成佛寶典。勝鬘夫人於經中演說一佛乘大法，猶如師子吼，能說能行，無所怖畏，辯才無礙，大轉法輪。

《勝鬘經》述說勝鬘夫人善根深厚，因敬禮讚歎如來，而得佛的授記，未來將成佛，名爲普光如來。勝鬘夫人因而發十大誓言，立三大願，安穩衆生。此即著名的「勝鬘十受」和「勝鬘三大願」。《勝鬘經》又名《師子吼經》，當我們修行感到徬徨時，不妨憶念勝鬘夫人說法的大無畏氣魄。《勝鬘經》能讓人生起大信心，確信修行無分男女，不論僧俗，只要具備承擔的勇氣，力持菩薩戒，人人都能成佛。

（陳孟琪　攝）

Question

33

悲心第一的摩訶男，如何捨身救民？

摩訶男是佛陀的同族兄弟，因佛陀已出家，所以他成為迦毘羅衛國的攝政王，卻被琉璃王滅國。琉璃王的母親末利夫人是婢女出身，所以他曾被釋迦族的王子們嘲笑是婢女之子，不屑與他為伍，因此他發誓長大為王後，血洗此仇。

當琉璃王下令屠城，將釋迦族趕盡殺絕時，摩訶男實在於心不忍，於是親自請求琉璃王給人民一個逃亡的機會，以他潛入水底，重新浮出水面那樣短促的時間為限即可。琉璃王以為如此短暫的時間，能逃走的人應該不多，就答應給他一個顏面。想不到，摩訶男始終沒有浮出水面，原來他將頭髮綁在水底的樹根裡，希望自己永沉水底，以爭取讓人民逃走的時間。琉璃王得知後非常感動，便停止了屠殺。佛陀說摩訶男心恆悲念一切之類，是悲心第一的居士。摩訶男捨身救民的行為，也成為了菩薩不捨眾生的精神典範。

（張繼高　攝）

Question 34

「黑阿育王」如何變成「白阿育王」？

阿育王是摩揭陀國孔雀王朝的第三代國王，曾統一了印度，不但被譽爲印度史上最偉大的國王，更是保護佛教最有力的護法君王。然而，他在成爲佛教徒之前，卻是讓人不寒而慄的暴君。

由於阿育王從小就不得父王寵愛，及長被父王派遣平亂，目的竟然是希望他能戰死。結果阿育王反而平定叛亂，聲威大振，但他也大開殺戒，因而被稱爲「黑阿育王」。

以武力統一印度，不可避免殺戮。阿育王原本十分好戰，可是在羯陵伽國大戰，看到伏屍成山、血流成河的慘況，終於幡然覺醒，決定放下屠刀，信仰佛教，成爲了護法聖王「白阿育王」。

阿育王的統治時期，是古印度空前絕後的強盛時代，所以他在全國各地興建八萬四千個寺院和佛塔，並敕令於磨崖、石柱刻文教法。阿育王的大力推廣佛法，也讓印度佛教成爲了世界性佛教。

Question
35

龐蘊一家如何生死自在？

龐蘊是唐代的禪門居士，世稱龐居士、龐翁，被譽爲「中國維摩詰」。他將全部萬貫家產沉江，拋除俗世的金錢束縛後，就帶著妻小過起田園生活，全家皆安貧樂道，禪悅自在。

龐居士一家四口，夫人是龐婆，兒子名龐大，女兒名靈照，全家的禪修工夫都不簡單，喜歡暗中較勁、互別苗頭。比賽禪坐時間長短不稀奇，他們一家竟然比賽誰死得比較快。禪修要達到坐脫立亡，生死之間說走就走，並非易事。

龐居士在準備往生時，端坐蒲團上，告訴女兒他正午要走了，請靈照幫他看看太陽是否正午，結果被騙有日蝕。女兒趁他出門一看，搶先坐他蒲團安然坐化。龐居士發現自己上當後，笑說：「我女兒眞是機鋒敏捷啊！」州牧于頔前來探望

（李東陽　攝）

他，他竟然頭枕于頔膝上就離世了。龐婆告訴正在種田的兒子：「你父親死了！」龐大索性直接站著立化，而龐婆後來也消失無蹤了。

龐蘊一家人能於談笑之間生死自在，顯現了禪者自由自在的風範。

Question

36

楊仁山如何開出近代中國佛教復興之路？

楊仁山是清末復興中國佛教的樞紐人物，讓瀕臨絕境的佛教得以重生。楊仁山本名爲楊文會，仁山是他的字，處身風雨飄搖的清末，他不因此獨善自養，反以大乘菩薩精神，奮起振作，開出近代佛教一番新天地。

由於太平天國之亂，佛教徒無佛經可讀，佛教文化傳承岌岌可危，楊仁山認爲弘揚佛法，需要先流通經典，因此設金陵刻經處，發心重刻經本，於海內外廣蒐千餘冊佛教逸書，擇其精要，刊印流通。金陵刻經處的創立，攸關中國佛教的存亡，可說是中國佛教盛衰的轉捩點。

他並在金陵刻經處，創辦祇洹精舍和佛學研究會，親自講授佛學。佛學研究會爲居士界研究佛學的聚會，祇洹精舍則是培育僧才的學堂，爲近代中國第一所

（傅鴻鈞　攝）

新式佛教教育的學堂，開啓現代僧伽教育新路。

楊仁山是近代中國佛教的復興者，也是啓蒙者，不但刻印佛經，延續傳統的中國佛教生命，更積極辦學，引進西式教育，開展出新的佛教教育，讓中國佛教得以繼往開來，邁向新時代。

Question
37
〈清信士品〉與〈清信女品〉介紹哪些佛陀時代居士典範？

佛教徒對於佛陀的十大弟子，都耳熟能詳，如智慧第一的舍利弗尊者、多聞第一的阿難尊者……，其實除了出家比丘外，佛陀也曾經親口讚美在家弟子，稱爲「第一優婆塞」、「第一優婆斯（夷）」。

《增一阿含經》的〈清信士品〉，記載了佛陀所嘉許的四十位男居士的事蹟與德行；〈清信女品〉則記載了三十位女居士的事蹟與德行。

〈清信士品〉共有四經，所謂的清信士，即是優婆塞。本品收錄了佛教第一位居士：第一智慧的質多長者、大檀越主須達長者、好喜惠施的毘沙王……。

〈清信女品〉共有三經，所謂的清信女，即是優婆斯、優婆夷。本品收錄了智慧第一的久壽多羅優婆斯、供養如來的摩利夫人……。

這些佛陀時代的居士們，如觀音菩薩化現不同身形，讓我們看到了人間菩薩的身影，以及修行悟道不分種族性別，人人皆能成就。

Question 38

《居士傳》的內容爲何？

《居士傳》爲清代彭紹升（法名際清）所編撰的男居士傳記，共五十六卷，收錄於《卍續藏》第一四九冊。傳記蒐集從東漢到清代康熙年間的三百一十二位人物言行，編成列傳體裁的專傳或合傳五十五篇，爲記載歷代居士事蹟比較完備的一部書。

截長補短集大成

彭紹升編輯本書的原因，認爲過去書籍所錄的居士人物言行不是失之太繁，便是失之太略，皆不恰當。因此，彭紹升節取上說佛教古籍傳記內容的若干部分，並引用史、傳、諸家文集、諸經序錄、百家雜說，編成列傳，詳述各人學道的經歷，而不局限於一家之言或一宗一派的範圍。

內容特色

《居士傳》的特色為：

1. 嚴選真正的居士：認為冒濫者衆多，必須採擇從嚴。
2. 護法文章要行解相應：認為文章不能文過其質或成為戲論，要行解相應。
3. 居士必須品德高尚：認為不明忠義的人，皆不應視為佛教居士，一概削除。

由《居士傳》可見到各時代居士信仰的發展和變化，讓人可以見賢思齊，精進道業。

（李東陽　攝）

Question 39

《善女人傳》的內容爲何？

《善女人傳》爲清代彭紹升所編撰的女居士傳記，共二卷，收錄於《卍續藏》第一五〇冊。傳記收錄古來婦女篤信三寶，且傳有嘉譽者的傳略。卷上收錄楊苕華、紀氏、魏氏女等八十人，卷下收錄仁孝徐皇后、夏雲英等五十八人，總計一百三十八人。

第一本中國佛教女居士傳記

善女人即是指女居士，彭紹升慨嘆雖有僧尼傳記刊行於世，卻仍無爲居家者集傳的人，所以除了編撰男居士的《居士傳》外，又另撰寫女居士的《善女人傳》，成爲第一本中國佛教女居士傳記。

《善女人傳》的女居士背景，不同於《居士傳》的男居士，除后妃和名媛仕女，還有目不識丁的村婦，但她們都是一心向佛，精進修行。由於歷史諸書所載的感應事蹟可能已失原意，所以彭紹升以原書爲據，削其繁文，易其俚句。《善女人傳》的傳記編選原則爲，避免文過其質、以僞亂眞、道聽塗說。

強調女性自覺的學佛

成功大學文學院院長陳玉女教授於〈明代婦女信佛的社會禁制與自主空間〉一文說：「相對於『節烈孝婦』的觀點，純由佛教信仰立場出發纂述的《善女人傳》，強調女性自覺的學佛、參禪打坐、誦經、念佛、禮懺等奉佛行善事迹，並述及其感應神蹟，以褒揚婦女學佛成就，美稱爲『善女人』。」《善女人傳》異於傳統的女性傳記，不只是純粹的佛教信仰，更肯定了女性的自覺。

（李東陽　攝）

4

居士的考驗

Question 40

居士的工作觀爲何？

修行的基本態度，是全心全意地投入，敬業的態度也是如此。我們做任何工作時，如果都能投以全心的眞誠，那就是修行。

安心於道

對一般人來說，職場是謀生的工作崗位，但是對居士而言，工作不僅僅是爲了賺取生活費用，也不是爲了追求名利，或期望得到讚美。工作就是工作，工作本身就是自我生命的責任及權利，也正是生命的意義、價值所在。因此，只要活著一天，就要工作一天，善盡自己的責任。

聖嚴法師說：「上等人安心於道，中等人安心於事，下等人安心於名利。」

（李澄鋒　攝）

安心方法可分為三種類型：上等人安心於道，發菩提心、行菩薩道；中等人安心於事，所以需要較忙的工作，才不會自尋煩惱或為他人製造煩惱；下等人則只知安心於名利物欲的追求。

職場即道場，眾生即福田

居士則是將職場視為鍛鍊修行的道場，以此福慧雙修，自利利他。因此，工作的態度也是修行的態度，心無旁騖地努力；工作的紀律也是修行的持戒，清淨身、口、意；工作的方法也是修行的方法，六度萬行，廣結善緣。眾生是居士的福田，所以會以合作代替競爭，以溝通代替爭執，不計個人得失，但求眾生離苦得樂。因此，居士對待任何人，都是廣結善緣；處理任何事，都是全力以赴。

Question

41 居士的金錢觀爲何？

俗話說：「有錢走遍天下，無錢寸步難行。」財富是滿足日常生活所需的重要工具，沒有了錢，生活就無以爲繼，這是世間生活的法則。在《善生經》、《阿含經》等許多經典中，也可看到佛陀除了教導世人以正當方式賺錢謀生，還提出將錢財妥善分配運用於生活、投資、置產、儲蓄等，換句話說，佛陀對於世間財富，視爲讓人安身立命的資具。

衡量需要和想要

居士對於金錢，應該在「需要」和「想要」之間好好衡量，而非將其當作唯一的人生目標。至於要投入多少精力在聚積財富上，人的一生著實有限，應如同合理分配收入一般，把時間資源平衡、妥善地分配在陪伴家人、工作和修行上。

（釋常鐸　攝）

如果是運用正當投資方法生財，並不違背佛陀教誨。只是市面上生財的投資工具琳瑯滿目，社會更充斥著「以小搏大」的神話，佛弟子更須秉持正確的財富觀，才不至於深陷貪欲泥沼，不可自拔。

維持身心穩定

對居士而言，比起實質的金錢，身心的穩定更加重要。雖然每個人心理承受能力不同，用錢的輕重緩急也不同，但不論選擇哪一種方式賺錢與投資，都不該違背維持身心穩定的原則。把握了這個前提，才較不會受到蠱惑，去使用風險超過自己承受能力的投資工具，心情就不至於跟著財報數字大起大落。此外，在賺錢與投資的選擇上，應該避開業務內容有違佛教五戒的企業，以免助長不善業。

錢財只不過是生活所需的工具之一，生不帶來，死不帶去。眞正會賺錢的人，懂得如何恰到好處地用錢，活出生命的品質。

Question

42

居士應多做義工或多修行？

做義工即是修行，能同時修福修慧。

很多人誤解所謂的修行，就是專指禪修、念佛、拜懺一類的修持，其實奉獻自己的能力與時間做義工，也是重要的修行。大乘佛教特別重視發菩提心利益眾生，以修布施爲菩薩道入手處，做義工即是一種布施方法。

爲何做義工可以修福呢？因爲護持三寶與道場，成就大眾修行，能利益眾生，而增長福報。爲何可以修慧呢？因爲不求名利，盡心盡力，能消除我執煩惱，而增長智慧。因此，不論擔任何種工作，粗重細活都是修行，都能福慧雙修。

（梁忠楠　攝）

Question

43

居士的感情觀爲何？

感情可以分爲五類：愛情、親情、友情、恩情、道情，前四種爲俗情，最後一種爲法情。佛教稱衆生爲有情，如果沒有感情就不是衆生了，居士當然也有感情生活。

感情昇華為慈悲

佛教的慈悲是感情的昇華，慈悲是無我的、清淨的，感情的愛則是有我的，所以也帶有煩惱執著。如俗情的感情，是紅塵俗世中，人與人之間彼此牽絆的感情，所以容易糾纏不清，難解恩怨情仇。道情的感情，是出於慈悲，彼此該如何關懷便關懷，不會有依戀心或期待心。

自覺覺他的菩薩

一般人多爲俗情所困，居士則以菩提心，昇華感情爲慈悲心；以出離心，放下感情的執著心。居士修學佛法的目的，即是讓自己從有情變成覺有情。覺有情即是菩薩，不僅自己能夠覺悟，也能幫助其他有情衆生從煩惱、痛苦、糾纏不清的苦海，一起覺醒爲人間淨土的菩薩。

Question 44

夫妻如何成爲眞正的同修道侶？

佛教稱一起修行的朋友爲同修、道侶、道友。修行如果沒有道侶，修行會不易得力，所以需要有「同參道友」，才能互相切磋、彼此勉勵。學佛的夫妻，自然就是關係最親密的同修道侶。

菩提姻緣同行佛道

學佛夫妻互稱對方爲「同修」，能以感情的基礎互爲配偶，又因共同的信仰互爲道侶，家庭的基礎便能非常穩固。在菩提姻緣的佛化家庭裡，夫妻爲同修道侶，皆受三皈五戒，所走的便都是同一條佛道，修行方向與生命價值觀一致，更能齊心協力地相互扶持。

（李澄鋒　攝）

既然共結菩提姻緣，夫妻從結婚時起，就要抱持今後不管貧賤、富貴，或面臨任何情況，都要攜手同行，堅定不渝。換句話說，患難的時候是夫妻，富貴的時候是夫妻，快樂的時候是夫妻，痛苦的時候也是夫妻，面對任何人生難題都要同參共修，一起運用佛法的智慧與慈悲化解。

共修人生課題

然而，夫妻雖是彼此成長的道侶，仍可能因愛情的獨占性，和現實生活問題而產生爭執。夫妻雖然同住在一起，畢竟仍是兩個獨立的個體，各有各的性格、喜好，所以要尊重彼此為獨立個體，給對方一些空間，不要勉強對方完成自己的期望，才能相伴成長，而不相絆互困。

智慧不起煩惱，慈悲沒有怨偶。夫妻是倫理的關係，不是論理的關係；夫妻是共修的生活，不是自修的獨居。若能互相體貼、尊重、感恩，而不互相依賴、占有、抱怨，就能同修慈悲心、智慧心、菩提心，眞正成爲彼此的同修道侶，互爲成道護法。

Question
45
女居士的業障比男居士重嗎？

有的女居士在修行不得力時，會歸咎於是女人業障重的關係，所以成佛無望。其實，這是一種誤解。業障有兩種意思，一是過去世帶來的業力，而顯出果報障礙，稱爲業障；二是職業本身爲障礙，因此而不能學佛。居士無論男、女，皆業不重不生娑婆；但只要發願修行，都能學佛成佛。

龍女成佛

關於女性的修行障礙重說法，在《法華經》裡，舍利弗確實曾經質疑龍女說：「女身垢穢，非是法器，怎麼可能成佛？女人身有五種障礙：不得爲梵天王、帝釋、魔王、轉輪聖王、佛身。」女性有此五種修行障礙的原因是：梵王淨行，而女人多染；帝釋少欲，而女人多欲；魔王堅強，而女人懦弱；輪王大仁，而女人

（李蓉生　攝）

善妒：佛為萬德圓滿，而女人煩惱具足。

然而，舍利弗提出疑問的目的，不是歧視女性，而是為了讓女性心生警惕，知道自己修行障礙多，需要發菩提心，行大乘行，早求解脫。龍女為證明女身可以速得成佛，立即轉往南方無垢世界現佛身。由龍女成佛的故事可知，女性確實可以成佛，悟道的關鍵不在於性別，而在於能否發菩提心。

障道因緣是助道因緣

修行能懺罪除障、修福修慧，如果女性以修行來轉化身、口、意行為，終能轉染成淨、少欲少念、轉弱為強、慈悲隨喜、行願圓滿。例如引誘阿難尊者的摩登伽女，聞法後轉化情欲，竟然比阿難尊者還早證得阿羅漢果。因此，女居士不愁悟道疑無路，當見佛性平等性；不為男、女相所困惑，當見自性清淨心。

Question

46 布施就是捐錢嗎？

布施，是度眾生最好的方法，也是修行菩薩道的基礎方法，更是無盡藏的存款方法。但是，有的居士誤以爲布施只是捐錢，或只是爲了累積功德，而不了解布施的眞義。布施的方法有三種，包括財布施、無畏施和法施。

一、財布施

財可分爲內、外兩類：1. 以一切動產、不動產等身體的附屬財物做布施，是「外財施」；2. 以做義工，以體力、智力、技術、知能，或用身體、生命來布施，是「內財施」。因此，居士修布施除了捐獻錢財物資，還可以做義工奉獻一己之力。

二、無畏施

協助別人獲得無威脅、無恐怖的自由，是「無畏施」。居士持五戒：不殺、不盜、不邪淫、不妄語、不飲酒，能給他人五種安全感，五戒因而也稱五大布施。居士持五戒可保護自己，也能守護他人，帶來平安的力量。

三、法施

布施中以法施爲最上乘。凡以自己所知的佛法教化衆生，即是行法布施。無論是助印佛書，或講經說法，即使只是分享一句法語，也能助人體會佛法而離苦得樂，所以都是法布施。

菩薩行的六度，雖以布施爲首，卻以般若爲導，所以居士要不住相布施，與般若的空慧相應。如果計較功德大小，反而會起煩惱心。不妨練習不求回報地付出，付出後不計掛於心，更加歡喜自在。

（李東陽　攝）

Question

47

居士必須放棄生活享受嗎？

佛法的生活態度是中道的，不偏於苦行，也不偏於享樂。對於物質生活，居士可以需要或想要、是否能要與該要做取捨，也就是聖嚴法師主張的「四要」：「需要的不多，想要的太多；能要該要的才要，不能要不該要的絕對不要。」

以惜福、培福代替享福

揮金似土的奢華享樂，或追求山珍海味的口腹之欲，或聲色犬馬的縱欲生活，本就是飲鴆止渴的生活方式，只會損福，不會培福，本就不是可取的生活之道，應當放棄。居士應當以惜福、培福代替享福，放棄享受爲福報節流，歡喜布施爲福報開源。

（釋常鐸　攝）

無目的的享受，應該放棄；有理由的享受，則需要維持。例如出席重要場合，應穿著得體，這是一種尊重和禮貌。但是如果是爲炫富而珠光寶氣，反而是失禮的傲慢態度。

鬆緊得宜，保持中道

修行宜少欲知足，但是並非苦行。佛陀弟子二十億耳曾因苦修未證道，而想不如還俗過五欲生活，還可布施累積福報。佛陀因而告訴他，修行猶如彈琴，琴弦太緊會斷，琴弦太鬆則無聲；過度精進會煩惱而起退心，過度放鬆會放逸而失道心；不論修行或彈琴都要保持中道，鬆緊適中。

因此，無論是修行或休息，都需要鬆緊得宜，中道爲宜。

48 居士如何面對生死？

人的生命，就是生與死之間的過程。生命的價值，在於奉獻；生命的意義，在於盡責。居士學佛即是願意把自己的生命奉獻給衆生，願意承擔自己的責任實踐菩薩行。以此爲目標，無論人生長短，都能生死自在。

聖嚴法師於《平安的人間》指出，死亡可有三種態度：

一、**隨業生死**

生和死，自己作不了主，迷迷糊糊由他生，由他死；生死茫然，醉生夢死。

二、**自主生死**

清楚地知道生與死，活要好好地活，死要勇敢地死；活得快樂，死得乾脆。

（李東陽　攝）

三、超越生死

雖然有生有死，但是對於已經解脫、超越生死、大悟徹底的人來講，生不以貪爲生，死不以怕爲死；生與死不僅僅相同，甚至根本沒有這樣的事。

居士既然學了佛，雖未能超越生死，但面對生死的態度，不應是隨業生死，而是隨願生死、自主生死。不論是發願往生西方淨土或乘願再來人間，在每個生命當下，都要能自主生死，不徬徨無依。

菩薩依願而生、依願而行，居士是人間的菩薩，自當不貪生也不畏死。能生則必須努力求生，非死不可則歡喜接受，感恩生命，也感謝死亡。無論生或死，都是菩薩的旅程。

Question

49 居士如何接引人學佛？

佛教的「四攝法」，即是用四種方法來引導衆生接受佛法：布施、愛語、利行與同事，四種皆爲利他行。接引人學佛，要先表達對人的關心、勉勵、寬容和諒解，再以眞誠的善意和對方溝通，最後才分享佛法。

一、**布施**

布施是和別人結緣，不論財產、時間、智慧、技能，或是溫暖的心，都可以用來與人廣結善緣。四攝法的布施和一般的樂善好施不同，除了提供物質，還需要幫助人成長心靈，樂於一起行菩薩道。

二、**愛語**

愛語是指慈愛的語言、態度與表情。居士只要有慈悲心、柔軟心，所表現出

（釋常襄　攝）

來的任何一句話、一個動作，都會讓人感到溫暖。

三、**利行**

利行是指利益別人的行爲，凡是能給別人方便的行爲，就是利行。居士常助人，將能感動他人共同推廣善行。

四、**同事**

同事是讓自己先認同於對方，使對方容易接受自己，然後再漸漸轉化他，讓他得到佛法的利益，而能離苦得樂。

四攝法是廣結人緣的妙法，居士以此來接引人學佛，將能與大眾一起歡喜結法緣。

Question

50

如何成爲現代維摩詰居士？

如果我們的心清淨，五濁惡世即是人間淨土；如果心不清淨，即使身在世外桃源，也如人間煉獄。心清淨，世界就清淨；心煩惱，世界就煩惱。如果能得此維摩詰居士的智慧心鑰，何人不是菩薩示現？何處不是人間淨土？

念念法喜，處處自在

我們的世界，是隨著自己的心而變化的：心隨境轉，則念念煩惱，處處不安；境隨心轉，則念念法喜，處處自在。無論是對待家人親友，或公司裡的同事，若是能將對方看成是來成就自己的菩薩，讓自己成長的護法，推而廣之，我們所生活的世界就是人間淨土。

（張晴　攝）

維摩詰居士能廣受古今中外的居士尊敬，是因他與我們一樣身在滾滾紅塵，一樣要面對生、老、病、死，一樣有家庭事業，卻如蓮花出汙泥而不染。他能夠自在無礙現身說法，入世即出世、煩惱即菩提、生死即涅槃，展現如此不一樣的大開大闔生命態度。

禪心看世界

很多人羨慕維摩詰居士的處事自在，欽佩他的破格行事，卻忽略了他雖現在家身相，卻淨修梵行。他能夠沒有世間人的俗事煩惱，是得力於修行，是依著菩提心、出離心而生活。

因此，如果希望自己能像維摩詰居士般自由自在，更要勤修戒、定、慧三學，鍛鍊出禪的智慧後，將能以禪心看世界。

學佛入門Q&A 22

居士50問

50 Questions about Lay Practitioners

編著	法鼓文化編輯部
攝影	王育發、江思賢、李東陽、李蓉生、李澄鋒、陳孟琪、梁忠楠、張晴、張繼高、傅鴻鈞、釋常襄、釋常鐸
出版	法鼓文化
總監	釋果賢
總編輯	陳重光
編輯	張晴
美術設計	和悅創意設計有限公司
地址	臺北市北投區公館路186號5樓
電話	(02)2893-4646
傳真	(02)2896-0731
網址	http://www.ddc.com.tw
E-mail	market@ddc.com.tw
讀者服務專線	(02)2896-1600
初版一刷	2019年11月
建議售價	新臺幣160元
郵撥帳號	50013371
戶名	財團法人法鼓山文教基金會—法鼓文化
北美經銷處	紐約東初禪寺 Chan Meditation Center (New York, USA) Tel: (718)592-6593 Fax: (718)592-0717

法鼓文化

國家圖書館出版品預行編目資料

居士50問 / 法鼓文化編輯部編著. -- 初版.
-- 臺北市 : 法鼓文化, 2019.11
面；　公分
ISBN 978-957-598-831-9（平裝）

1.居士　2.佛教修持

225.9　　108015666